# VIE DU BIENHEUREUX
# GIRAUD DE SALLES

# VIE

## DU BIENHEUREUX

# GIRAUD DE SALLES

### FONDATEUR

## DES ABBAYES DU BOURNET ET DE TUSSON

(CHARENTE)

### Par J. D.

Bollandistes, **XXIII**ᵉ jour d'Octobre

ANGOULÊME

IMPRIMERIE J.-B. BAILLARGER

Rue Tison d'Argence.

## LETTRE DE MONSEIGNEUR SEBAUX

### ÉVÊQUE D'ANGOULÊME

Angoulême, le 24 Juillet 1877.

Monsieur l'Abbé,

Les articles que vous avez donnés à la *Semaine religieuse* sur le Bienheureux Giraud de Salles sont aussi intéressants qu'édifiants. Je vous autorise donc très-volontiers à les réunir dans une brochure, qui conservera plus sûrement la précieuse mémoire de ce saint personnage et des grandes œuvres accomplies par lui en ce diocèse.

Veuillez bien agréer, cher Monsieur l'Abbé, l'expression de mon affectueux dévouement.

† A.-L., *év. d'Angoulême.*

# VIE DU BIENHEUREUX
# GIRAUD DE SALLES

FONDATEUR DES ABBAYES DU BOURNET ET DE TUSSON.

(CHARENTE)

(Bollandistes, XXIII* jour d'Octobre)

## CHAPITRE PREMIER.

*Naissance et éducation de Giraud de Salles. — Il est successivement chanoine et ermite.*

Le bienheureux Giraud de Salles, dont la mémoire ne saurait être indifférente aux diocèses de Poitiers, d'Angoulême et de Périgueux, naquit vers l'an 1070 au bourg de Salles, près de Bergerac (Dordogne). Il eut pour père Foulques, preux chevalier, et pour mère Ardéate, femme d'une noble naissance, et surtout d'une haute piété. Mère de trois enfants, Giraud, Grimoard et Foulques, elle leur inculqua de bonne heure les principes de la religion, et voulut que dès leurs premières années leur éducation fut véritablement chrétienne. Ces jeunes plantes cultivées ainsi avec tant de sollicitude, se développèrent sous l'œil vigilant de la tendresse maternelle et sous la douce impression de l'amour divin. Est-il donc étonnant que tous trois aient plus tard illustré le désert par l'éclat de leurs vertus. Lorsque leur âge le permit, ils furent confiés aux soins d'un maître docte et prudent qui se chargea de leur faire parcourir et achever le cours des études libérales, tel qu'il existait alors. Or, ce cours comprenait la littérature, la philosophie, la théologie, et le droit canonique et civil (2). Le biographe que nous suivons ne nous a point conservé le nom de cet habile

---

(1) Le Bournet, abbaye d'hommes, de l'ordre de Saint-Benoît, commune de Courgeac, canton de Montmoreau. — Tusson, prieuré d'hommes et abbaye de femmes, de l'ordre de Fontevrault, canton d'Aigre.

(2) L'abbé Darras, *Histoire de l'Église,* tome XXIV, page 644.

maître, mais il atteste que sous sa direction, les trois fils de Foulques et d'Ardéate firent de rapides progrès. Il témoigne aussi qu'en eux la piété croissait avec l'âge et parallèlement à la science.

Ce fut dans les dernières années de ses études que Giraud de Salles entendit raconter les merveilles de conversion et de pénitence qu'opérait dans l'Anjou et la Bretagne la parole vive et ardente du bienheureux Robert d'Arbrissel. C'était tout ensemble un nouvel Élie qui parlait avec autorité aux grands et aux princes, et un nouveau Jean-Baptiste qui entraînait sur ses pas les populations entières. Pour fixer autour de lui ces multitudes dont le flot grossissait chaque jour, Robert avait fait choix d'une lande inculte, qu'hérissait une épaisse forêt de ronces et d'épines. Ce désert était situé non loin du bourg de Candes, si célèbre par la mort de saint Martin, le grand thaumaturge des Gaules. Une fontaine dite fontaine d'Ebrald, avait fait appeler ce désert Fontevrault ; et c'est là que le Moïse du XII$^e$ siècle, conducteur d'un peuple immense de de pénitents et d'anachorètes, avait planté sa tente et fixé sa vie érémitique. Dans le principe, de simples huttes de branchages composaient presque à ciel ouvert, ces cloîtres d'un nouveau genre. On leur substitua ensuite des cabanes en bois, qui elles-mêmes firent place à des bâtiments solides et réguliers. Telle fut l'origine du célèbre couvent de Fontevrault. Hélas ! il est aujourd'hui transformé en une maison de détention.

Mais à l'époque où nous ramène la biographie de Giraud de Salles, la vie érémitique régnait seule à Fontevrault, et elle ne cessait d'y attirer de nombreux prosélytes. Comme eux, Giraud de Salles se sentit épris d'un profond éloignement pour le monde et d'un vif amour pour le désert et la solitude. Le cours de ses études venait de finir ; c'était donc le moment de se décider entre la vie du siècle et la carrière des armes, et le renoncement à la famille, aux honneurs et à toute gloire humaine. Le choix du pieux jeune homme était bien arrêté dans sa pensée : il voulait suivre l'attrait de la grâce, et par la pratique des conseils évangéliques se lier irrévocablement au service de Dieu. Mais deux voies s'ouvraient devant lui : l'une le conduisait à la vie cénobitique et dans un monastère régulier ; l'autre le menait au désert et à la vie anachorétique. Laquelle de ces deux voies devait-il choisir. Il implorait une réponse du ciel, car il cherchait avant tout la volonté divine ; et c'est pourquoi il vint trouver le grand serviteur de Dieu, et en toute simplicité et ouverture de cœur il le consulta sur sa vocation.

L'illustre vieillard reçut paternellement les confidences du jeune homme : il lui fut aisé de reconnaître son inclination vers les observances de Fontevrault, mais il le trouva trop faible encore d'âge et de santé eu égard aux rigueurs de ce régime. Il lui conseilla donc d'essayer ses forces dans un ordre moins austère ; et en le congédiant, il lui dit : « mon fils, Dieu vous ramènera parmi nous. »

Cette parole et cette assurance tempérèrent un peu la douleur de Giraud de Salles : et parce qu'il ne pouvait encore devenir l'enfant et le disciple du bienheureux Robert d'Arbrissel, il voulut du du moins suivre docilement son conseil. C'est pourquoi il fit des démarches pour être admis parmi les chanoines de Saint-Avit-Seigneur, canton de Beaumont (Dordogne). C'était une collégiale proche du lieu de sa naissance et où la règle de saint Augustin était parfaitement observée. On pense bien qu'il ne lui fut pas difficile d'obtenir son admission ; et les pieux parents de notre saint voulurent le présenter eux-mêmes à ses nouveaux collègues. Ils étaient heureux, dit son biographe, de donner au Seigneur en sa personne les prémices de leur famille, et ils se consolaient en même temps de cette séparation, parce que leur enfant chéri ne s'éloignait que peu de la maison paternelle. De son côté le jeune Giraud de Salles gagna promptement l'estime et l'amitié de toute la communauté : car il embaumait cette maison sainte des parfums d'une angélique modestie, et d'une candeur toute céleste. Son humilité, sa patience, sa soumission envers les autres chanoines, faisaient l'admiration de tous, et adolescent encore, il offrait aux plus âgés un modèle de toutes les vertus religieuses. A ses yeux la règle était l'expression de la volonté divine, aussi l'observait-il avec une scrupuleuse exactitude. En un mot, son respect pour les vieillards, sa docilité envers les supérieurs et sa bienveillance à l'égard de tous ne se démentirent jamais. On eut reconnu, selon l'expression du biographe, une colombe descendue du ciel, dans la simplicité de son regard et dans la grâce incomparable qui le rendait cher à Dieu et aux hommes. Quelque soin qu'il prit de cacher sa science acquise et ses talents naturels, ils paraissaient trop au dehors pour que les chanoines de Saint-Avit pussent consentir à laisser sous le boisseau cette lampe ardente et luisante. Ils le contraignirent donc de recevoir successivement les ordres mineurs, le sous-diaconat et le diaconat. Mais son humilité refusa toujours d'accepter l'honneur du sacerdoce. Un siècle plus tard, saint François d'Assise devait l'imiter ; et ce ne serait pas ici le seul trait de ressemblance qu'on pourrait signaler entre ces deux saints.

Cependant Giraud de Salles entretenait de fréquentes relations avec Robert d'Arbrissel. La dernière parole de celui-ci était toujours présente à son souvenir, et plus encore à son cœur. Evidemment la collégiale de Saint-Avit n'était pas pour lui une demeure stable et permanente, mais seulement un noviciat préparatoire à la profession solennelle de la vie érémitique. Aussi le regard fixé vers les forêts de l'Anjou, Giraud de Salles attendait avec une sainte impatience le jour où celui que les populations nommaient le prince du désert, l'appellerait à vivre sous sa direction. Enfin ce beau jour se leva, et notre saint, comme un autre Paul ou un autre Hilarion, vint habiter cette nouvelle Thébaïde. Dès lors la solitude profonde du désert, la pauvreté rigoureuse du vêtement, la mortification austère du corps et de la nourriture et le silence perpétuel firent ses délices. Il ne rompait le jeûne qu'après le coucher du soleil, et ne s'accordait pour cet unique repas qu'un pain grossier d'orge ou d'avoine, quelques légumes cuits sans sel et sans assaisonnement, et à peine un verre d'eau. On notait comme extraordinaires les jours où il acceptait par condescendance soit un œuf, soit un peu de fromage, soit un petit poisson. Le visage pâle et décharné, il semblait, dit son biographe, un esprit dégagé de la chair et étranger à toutes les choses de la terre. C'est que sa conversation était au ciel, avec les anges, et que son âme se nourrissait aux festins spirituels de l'éternité. Et en effet, la passion et la mort du Sauveur étaient l'objet continuel de ses méditations. Son cœur s'y enflammait, ses yeux y versaient des larmes abondantes, et ses gémissements appelaient la fin de son exil et le jour de sa dissolution. Un tel genre de vie a bien de quoi effrayer nos habitudes de délicatesse, et cependant Fontevrault comptait alors par plusieurs centaines les pénitents et les ermites qui, comme Giraud de Salles, devenaient les disciples et les émules du bienheureux Robert d'Arbrissel.

## CHAPITRE II.

*Prédications de Giraud de Salles et fondation de Tusson.*

Giraud de Salles était âgé de trente ans, lorsqu'il vint à Fontevrault. Caché à tous les regards, dans les profondeurs inaccessibles du désert, il méditait les années éternelles, sous l'inspiration de l'Esprit-Saint ; et le silence de la solitude lui faisait entendre cette voix éloquente de la nature qui proclame les magnificences d'un Dieu créateur. Mais un jour il sentit retentir au fond de son âme l'appel divin. C'était Jésus-Christ lui-même qui lui ordonnait, comme autrefois à Saul, terrassé sur le chemin de Damas, d'aller porter son nom devant toute nation et toute tribu. Déjà cette même vocation avait été celle de son illustre maître, Robert d'Arbrissel ; et l'on sait de quelles abondantes bénédictions elle avait été accompagnée. Giraud de Salles ne faisait donc encore que marcher sur ses traces, en quittant le calme de la vie érémitique pour les travaux du ministère apostolique. Il ne pouvait d'ailleurs retenir plus longtemps dans une captive inactivité le zèle du salut des âmes. Ce zèle débordait en son cœur comme le nard précieux de la charité, ou s'en élançait comme la flamme vive et ardente qui sort de la fournaise. Jusqu'alors il avait cru faire assez pour ses frères, en les embrassant tous dans une même communion d'amour, de prière et de pénitence. Mais aujourd'hui, il se disait à lui-même : « malheur à moi, si je n'évangélise les pauvres et les pécheurs. » Qui aurait donc enchaîné son ardeur et sa parole ?

Le diocèse de Poitiers, vers lequel il dirigea ses premiers pas, avait alors pour évêque le seigneur Pierre II, prélat éminent en doctrine et en sainteté. Il était en outre si zélé protecteur des ordres religieux que le bienheureux Ives de Chartres lui reprochait de les favoriser au détriment du clergé séculier. Il accueillit donc le nouvel apôtre avec une douce bienveillance. D'ailleurs il venait de Fontevrault et se présentait sous les auspices et la recommandation de Robert d'Arbrissel : cela ne suffisait-il pas ! car depuis longtemps l'évêque de Poitiers était en relation d'amitié et en union de prières avec le thaumaturge de l'Anjou. Il en appréciait le mérite, en révérait la sainteté, et dans cette circonstance il se plut à déverser sur le disciple l'estime dont il entourait le maître. Il lui délégua donc son autorité pour l'exercer en son nom dans toute l'étendue du diocèse. Aujourd'hui nous dirions que Giraud de Salles reçut des lettres de vicaire général ; mais ce titre n'était pas alors en usage. Quoiqu'il en soit, un vaste champ s'ouvrait devant son zèle, car il avait plein pouvoir de prêcher et de fonder des monastères. C'était en ce siècle comme un double courant de la vie chrétienne ; et il s'alimentait par la source féconde de la parole évangélique. Aussi les hommes d'élite que la

Providence suscitait alors dans nos contrées pour déraciner le vice et faire refleurir la religion étaient tout ensemble missionnaires, moines et fondateurs de monastères. Tels se groupaient autour de Robert d'Arbrissel, Bernard de Tiron, Firmat de Mantilly et Vital de Mortaix. Ils préludaient à l'action immense que saint Bernard devait bientôt exercer sur la France et même sur l'Eglise entière. Ils étaient comme ses précurseurs et avaient pour mission de lui préparer les voies.

C'est à cette brillante pléïade d'apôtres et de chefs d'ordre que désormais s'adjoindra le bienheureux Giraud de Salles. Et en effet, à peine avait-il depuis quelques mois commencé ses prédications que de tous côtés l'on accourait vers lui et qu'on sollicitait la faveur de vivre sous sa conduite. Emu de cet empressement et touché de cette confiance, il ne pouvait, comme autrefois le divin Sauveur, se résoudre à renvoyer à jeun ces âmes affamées du dégoût du monde et altérées des sacrifices de la vie religieuse. Il se mit donc à chercher un lieu propre à une grande fondation monastique, car c'étaient des multitudes au vœu desquelles il lui fallait satisfaire. Après avoir parcouru diverses localités du Poitou, il fixa son choix sur une vaste forêt qui, aujourd'hui encore, porte le nom de Tusson. Le biographe du bienheureux ne nous dit point quelle main généreuse lui fit don de cette forêt, mais il est permis de conjecturer que le territoire de Tusson relevait de la mense épiscopale de Poitiers ; et ainsi l'évêque Pierre II l'aurait gracieusement concédé au pieux anachorète, afin de le fixer dans son diocèse. Une telle libéralité eût certainement été bien en rapport avec la haute piété de ce prélat. Car déjà, par sa bienveillante entremise, Robert d'Arbrissel avait obtenu de la comtesse Aremberga la cession des landes de Fontevrault. C'est que l'évêque de Poitiers ne voyait en la personne des religieux que d'utiles auxiliaires pour le ministère pastoral ; et puis il comprenait combien ces humbles demeures, qu'on appelle un monastère, font rayonner au sein des populations les heureuses influences de la religion, de la civilisation et de la bienfaisance.

La forêt de Tusson avait en outre pour Giraud de Salles un puissant attrait. Elle lui rappelait l'image et le souvenir de ces retraites profondes où il avait silencieusement goûté les douceurs de la solitude. Et aujourd'hui que le ministère évangélique le rejetait au milieu du trouble et de l'agitation du monde, il sentait plus que jamais le besoin de se créer un lieu de paix et de recueillement. Il venait donc demander aux chênes et aux frênes séculaires de cette partie du Poitou un abri protecteur qui pût, au retour de ses courses apostoliques, lui ménager quelques instants de calme et de repos. D'abord il ne construisit que de misérables huttes de branchages. Lui-même dans les landes de Fontevrault n'avait point connu d'autre habitation, et sa première pensée était de n'établir aussi à Tusson que la vie érémitique. Mais de toutes parts on le pressa de bâtir deux monastères, l'un pour les hommes et l'autre pour les femmes. C'était la vie cénobitique qu'il s'agissait ainsi d'introduire, et le cloître allait remplacer le désert. Avant de se décider à une telle innovation, Giraud de Salles consulta le maître qui était pour lui l'interprète des volontés divines.

Non-seulement Robert d'Arbrissel approuva le projet des deux monastères, mais il conçut même le dessein d'en faire la maison mère de la congrégation qu'il se proposait de fonder. Nous dirons plus tard quels obstacles le contraignirent à changer ses plans. Quoiqu'il en soit, Giraud de Salles se mit incontinent à l'œuvre, et ayant fait défricher cette partie de la forêt qui touchait à une fontaine limpide et assez abondante, il y désigna l'emplacement du monastère des femmes. Leur enclos était vaste, entouré de murs et renfermait la fontaine. Aujourd'hui encore on voit les traces de divers travaux d'art qui furent entrepris alors, ou dans la suite pour conduire à cette fontaine quelques sources voisines. Quant au couvent des hommes, il fut construit à une faible distance, mais entièrement séparé, et un puits lui fournissait l'eau nécessaire. D'ailleurs chaque monastère avait sa chapelle particulière : celle des hommes était sous le vocable de saint Jean l'évangéliste et celle des femmes sous celui de saint Benoît. Les religieux avaient la direction spirituelle de leurs sœurs, et celles-ci en retour veillaient à l'entretien du linge, à la confection des habits et aux autres soins qui sont propres à leur sexe. Nous ignorons d'ailleurs la date précise de cette fondation ; nous savons seulement qu'elle est la première des neuf que fit le bienheureux Giraud de Salles, et qu'elle précéda le grand établissement de Fontevrault. Or, celui-ci remonte à l'année 1100 ou 1101.

Cependant les bâtiments réguliers étaient à peine achevés qu'ils furent envahis par une foule nombreuse et empressée. Le pieux fondateur accueillait avec bonté tous ceux qui se présentaient ; mais il ne les recevait à la vie religieuse qu'avec une prudente discrétion et après une épreuve suffisante. C'était la conduite que

Robert d'Arbrissel avait, on ne l'a pas oublié, tenue envers Giraud de Salles lui-même. Celui-ci, formé à une telle école, ne pouvait qu'en suivre les sages enseignements. Au reste, à Tusson comme aussi dans les autres monastères qu'il fonda plus tard, notre bienheureux « établit la règle de saint Benoît dans toute son austérité primitive, sans aggravation, mais sans aucun adoucissement, soit pour la nourriture, soit pour le vêtement, soit pour les exigences d'un climat moins favorisé que celui de l'Italie. Malgré les rigueurs d'un pareil régime, ou plutôt en raison même de son héroïque sévérité, les âmes éprises de l'amour du renoncement et du sacrifice éprouvaient à l'embrasser une joie indicible. » (L'abbé Darras.)

## CHAPITRE III.

*Courses apostoliques de Giraud de Salles et fondations diverses.*

Dès que le monastère de Tusson eut été achevé, il devint comme le centre d'où la prédication de notre saint rayonna sur les contrées voisines. Car les premières bénédictions que le Seigneur avait données à sa parole n'avaient fait qu'augmenter en lui le désir d'élargir le cercle de son apostolat. Déjà plusieurs évêques, à l'exemple de celui de Poitiers, l'avaient prié d'évangéliser leurs peuples : pouvait-il se refuser à leurs instances ? On le vit alors parcourir les campagnes, les bourgs et les cités, afin de rétablir en tous lieux le règne de la loi, de la discipline et de la vertu. Comme autrefois le prophète Jérémie, il avait reçu d'en-haut la mission de déraciner les abus, d'arracher l'ivraie du champ du père de famille, de planter, d'édifier et de renouveler. Pour conquérir les âmes, dit son biographe, il se faisait tout à tous, encourageant les bons, domptant la résistance des méchants, et ne s'épargnant en rien, afin de préparer au Seigneur un peuple parfait. « Son courroux s'enflammait contre le vice, quelque puissant qu'il le rencontrât ; sa charité pour les personnes triomphait de toutes les hostilités : il réchauffait les tièdes, reprenait énergiquement les pervers, stimulait les nonchalants, réveillait les plus engourdis ; c'était vraiment le feu divin que Jésus-Christ est venu allumer sur la terre. » (L'abbé Daras.)

En outre, une haute réputation de sainteté précédait ses pas, et l'autorité de sa prédication s'accroissait de toute l'admiration qui s'attachait à sa personne. Aussi, ne doit-on point s'étonner qu'il ait pris sur les populations le même ascendant que saint Antoine avait jadis obtenu sur les habitants d'Alexandrie. Cet illustre patriarche des cénobites avait quitté son monastère pour venir défendre la consubstantialité du Verbe ; et Giraud de Salles, lui aussi, faisait trêve au silence du cloître pour disséminer la semence des vérités chrétiennes. Il allait le faire avec un fructueux succès, et de ses lèvres la parole sainte ne devait point tomber sur une terre stérile. Voici au reste quelle était sa méthode de prêcher. Il entrait dans les détails les plus pratiques et expliquait par ordre les commandements de Dieu et de l'Eglise. Après cette exposition des préceptes, il énumérait la série des différents péchés, en faisait connaître la source et la malice et en proposait les remèdes. Son langage était d'ailleurs simple, clair et proportionné à l'intelligence de son auditoire. En un mot, il ne se recherchait point lui-même ; aussi trouvait-il facilement le chemin des cœurs. Le travail et les fatigues de la mission ne lui faisaient rien retrancher de ses austérités accoutumées ; mais il acceptait avec reconnaissance l'hospitalité qui lui était offerte, et il la payait généreusement par les bénédictions qu'il attirait sur tous les membres de la famille. Enfin, quand il avait terminé ses courses apostoliques, il se hâtait de revenir à son cher monastère de Tusson.

Mais bientôt il le quittait, soit pour reprendre l'œuvre de ses prédications, soit pour fonder de nouveaux couvents, ou visiter ceux qu'il avait déjà établis. Et en effet, parmi les nombreux auditeurs qu'il ramenait à la pénitence, ou à la pratique d'une vie plus chrétienne, il s'en trouvait plusieurs qui lui offraient des biens-fonds et des territoires. Giraud de Salles les recevait et y plaçait d'abord trois ou quatre religieux qu'il tirait du monastère de Tusson. Ce n'était donc dans le principe qu'un modeste prieuré ; mais les sujets affluaient bientôt, et le prieuré devenait une abbaye. On voit ici avec quelle prudence agissait notre saint, et combien il se gardait de toute précipitation. Maintenant, suivons-le dans son itinéraire évangélique. Nous arrivons d'abord à Cadouin (Dordogne), si célèbre aujourd'hui encore par l'insigne relique du Saint-Suaire. C'est le voile qui dans le sépulcre recouvrait la face de Notre-Seigneur. Ce territoire avait été donné, en l'année 1114, à Robert d'Arbrissel par l'évêque de Périgueux, Guillaume d'Auberoche, et le chapitre de sa cathédrale. Cette donation portait qu'un monastère de femmes y serait érigé. L'année suivante, Giraud de Salles reçut donc du bienheureux Robert et de Pétronille de Chemillé de Craon, abesse de Fontevrault, la commission de travailler à cette fondation. Mais au lieu de religieuses, il n'établit qu'un prieuré qu'il confia à un religieux nommé Hélie, et même il ne tarda pas à céder ce prieuré à Hugues, abbé de Pontigny. Aujourd'hui, le pèlerinage de Cadouin, relevé par les soins de Mgr Dabert, évêque de Périgueux, est sous la direction des Lazaristes, ou Prêtres de la mission.

La seconde fondation du bienheureux Giraud de Salles fut le monastère de la Grand-Selve qui appartenait alors au diocèse de Toulouse, et qui, aujourd'hui, est à celui de Montauban. Nous en parlerons plus en détail au chapitre suivant, et il suffit de le marquer ici en son rang chronologique. Il convient aussi de placer vers la même époque l'établissement de Dalon, près d'Excideuil (Dordogne). C'était une lande couverte de bruyères et de broussailles et qui faisait partie du domaine des nobles chevaliers Gérard et Godefroy de la Tour, parents de notre saint. Ils lui en avaient fait donation par acte ou charte que confirma Eustorgue, évêque de Limoges, car ce territoire dépendait de son diocèse. Mais quoique l'acte de donation porte la date de 1114, la fondation n'eut pas lieu immédiatement, à cause de diverses oppositions, et surtout de celle d'un nommé Constantin, religieux de Tourtoirac (Dordogne), qui faisait valoir quelques prétentions sur ce territoire. Le différend s'arrangea par la médiation de l'évêque de Limoges, qui en appela au témoignage des vieillards de l'endroit. Toutefois il fut stipulé que chaque année l'abbaye de Dalon donnerait à celle de Tourtoirac, et à titre de dîme, une livre d'encens. Toutes choses étant ainsi réglées, Giraud de Salles put paisiblement travailler à la construction du monastère.

S'il fallait s'en rapporter aux premiers essais de fondation, celle du Bournet (Charente) serait la première de toutes, car elle remonte à l'année 1113. Mais c'est seulement en 1125, et sous Girard, évêque d'Angoulême, que cette abbaye fut véritablement constituée. Elle avait alors pour abbé Hélie, qui, le premier, porta ce titre ; cependant on le donne quelquefois à Guillaume, que Giraud de Salles avait préposé à la direction de cette maison naissante. Quoiqu'il en soit, le Bournet, dit de la Vierge, parce que tel était le vocable de la chapelle, le Bournet appartenait aux seigneurs de

Salles de Montmoreau, qui en firent don à notre bienheureux. Cette abbaye s'affilia, comme presque toutes les autres, à la congrégation de Cîteaux, et en l'année 1539, Pierre d'Ars, son XIVe abbé, se mit avec tous ses religieux, sous la juridiction immédiate du Saint-Siége. C'était un moyen de maintenir parmi eux la régularité, et de faire refleurir la piété. Mais dès l'année précédente, le Bournet était tombé en commandite, en la personne de Jean de Mauvoysin, protonotaire apostolique. Depuis cette époque il eut toujours à subir, au grand détriment de la discipline monastique, le joug d'abbés commandataires, auxquels il donnait un revenu d'environ deux mille francs. Cette abbaye, située dans la commune actuelle de Courgeac, occupait une position très-pittoresque, mais la plus isolée de la contrée. Il n'en reste plus que quelques vieux pans de murs.

Trois autres abbayes reconnaissent encore Giraud de Salles pour leur fondateur ; ce sont les Alleuds, au diocèse de Poitiers ; l'Absie de Gâtines, qui fait aujourd'hui partie du diocèse de La Rochelle, et les Châtelliers, près de Niort. Comme ce fut aux Châtelliers que mourut notre saint, nous remettons à en parler à ce moment. Pour les Alleuds, on ne sait point la date précise de cette fondation ; les auteurs de la *Gallia Christiana* indiquent l'année 1120, mais à cette époque Giraud, second abbé des Alleuds, était en charge et il avait succédé à l'abbé Pierre. Nous reporterions donc cette fondation vers 1117, ou à peu près. La même incertitude s'observe à l'égard d'Absie de Gâtines. Ce ne fut d'abord qu'un prieuré et c'est seulement en 1120 qu'elle fut érigée en abbaye. Son territoire relevait des seigneurs de Partenay qui en firent don à Giraud de Salles. Cette abbaye, comme celle du Bournet et des Alleuds, était dédiée à la Sainte Vierge. En cela non moins qu'en tout le reste, notre bienheureux se montrait le fervent disciple de Robert d'Arbrissel, si connu par sa tendre dévotion envers la Sainte Vierge.

Ici une réflexion se présente à l'esprit : c'est que les divers monastères et abbayes qu'établit Giraud de Salles, conservaient le type primitif de la règle bénédictine. C'étaient de vraies colonies agricoles et religieuses, qui vivaient du produit de leur travail. Elles se distinguaient entre elles par l'indépendance des maisons, et se ressemblaient par un grand esprit de famille. Une fois entré dans le monastère, on était un frère de plus, et pas autre chose. Or, ce renoncement complet avait de quoi plaire à un monde guerroyeur qui ne connaissait pas de milieu entre le cliquetis des armes et l'ensevelissement du cloître. D'ailleurs ces abbayes, que le fondateur abritait presque toujours au sein de paisibles solitudes, ou qu'il élevait dans un frais vallon et loin du tumulte des villes, ces abbayes offraient un séjour qui n'était pas sans attrait pour des âmes pénitentes et dégoûtées du siècle. Lasses de leur propre indépendance, elles n'aspiraient plus qu'à cette sage liberté que dirige la règle d'un monastère. Observons encore qu'au XI$^e$ et XII$^e$ siècle, les couvents d'hommes furent bien plus nombreux que ceux de femmes.

## CHAPITRE IV.

*Le bienheureux Bertrand, religieux de Tusson, et les frères de Giraud de Salles.*

Parmi les religieux que Giraud de Salles reçut à Tusson, il y en avait un, nommé Bertrand, qui faisait l'édification de toute la communauté. C'était une de ces âmes d'élite dont l'Esprit-Saint dirige toutes les puissances, et qui, dociles à sa conduite, s'élèvent à une haute perfection. Le trait caractéristique de sa piété était une tendre dévotion envers la Sainte Vierge et la divine Eucharistie. Cette dévotion était même si vive et si ardente qu'elle lui mérita plusieurs fois la faveur de visions célestes. Et en effet, souvent au saint autel et après la consécration, le Sauveur lui apparaissait sous la figure d'un bel enfant qui le fixait d'un doux regard et le remplissait de joie. Marie se plaisait également à se montrer à son dévot serviteur et le récompensait ainsi de ses pieux hommages. On dit aussi qu'il ne pouvait entendre le nom de Jésus ou le prononcer lui-même sans répandre des larmes d'amour et de tendresse. Mais ces diverses faveurs ne faisaient qu'affirmer le saint religieux dans l'humilité et toutes les autres vertus chrétiennes et monastiques. Il n'en devenait que plus obéissant à la règle, plus dévoué à ses frères, et plus mort à lui-même.

Lorsque Giraud de Salles fonda l'abbaye de la Grand'Save, au diocèse de Montauban, Bertrand fut un des religieux qui vinrent l'habiter, et en l'année 1129, tous les suffrages l'élurent abbé du monastère. Son administration dura vingt ans, et fut pour sa communauté une ère de ferveur et de régularité. C'est lui aussi qui, en l'année 1147, députa à Clairvaux deux de ses religieux, les chargeant d'offrir à saint Bernard l'abbaye de la Grand'Sauve. Celui-ci accepta l'offre et confirma Bertrand dans sa charge. Au reste, cette affiliation à l'ordre de Clairvaux n'eut lieu qu'après la mort de Giraud de Salles, et elle s'explique par la prodigieuse célébrité de saint Bernard. Bertrand ne survécut lui-même que deux ans à cette réunion, et il mourut le 11 juillet 1149. Les miracles qui éclatèrent autour de son tombeau lui ont fait donner le titre de bienheureux. (Bollandistes, tome X$^e$ d'octobre, page 245.)

Un autre religieux de ce même monastère de Tusson n'est pas moins digne des souvenirs de l'histoire : c'est Grimoard, frère puiné de notre saint. L'éloignement n'avait point rompu entr'eux les relations de l'amitié ; et durant le cours de ses études, Grimoard se plaisait à choisir Tusson comme un lieu de repos et de délassement. Foulques, le plus jeune des trois frères, l'y accompagnait, et insensiblement l'un et l'autre sentirent naître en eux l'attrait et le goût de la vie religieuse. Mais Foulques était épris d'un vif amour pour l'anachorétisme total du désert et de la solitude. Grimoard au contraire lui préférait le régime cénobitique : il y voyait le double avantage des vœux monastiques et du zèle apostolique. Il résolut donc de se faire moine à Tusson ; et tels furent ses progrès en les voies spirituelles, que Giraud de Salles le jugea digne du sacerdoce. Peu après il le nomma aumônier et confesseur des religieuses. Pendant plusieurs années, Grimoard s'acquitta de cet emploi selon la gloire de Dieu et le grand profit des âmes. Mais en 1119, il fut choisi pour prieur des Châtelliers, près de Niort. C'est là, comme nous le dirons bientôt, qu'il reçut, entre les bras de la religion et de l'amitié fraternelle, le dernier soupir du bienheureux Giraud de Salles. Lui-même, dès l'année suivante, quitta ce monastère pour prendre la direction de celui des Alleuds, au diocèse de Poitiers.

Dans ce nouveau poste il fit paraître tant de sagesse et de prudence que Geoffroy de Lèves, évêque de Chartres et légat du Saint-Siége, le prit pour assesseur dans le jugement de conciliation qu'il eut à prononcer entre les moines de Bonneval et Godefroy de Laurens, abbé au prieuré de Fontaine-le-Comte, près de Poitiers. L'énoncé de ce jugement nous a été conservé, et il porte en ces termes la suscription de l'abbé des Alleuds : « † Moi, Grimoard, abbé des Alleuds, j'ai vu et j'ai souscrit. » Peu après, et à la mort de Guillaume II, Gilbert de Ragioles, décédé au mois d'octobre 1140, les suffrages unanimes de l'église de Poitiers appelèrent l'humble religieux à s'asseoir sur le siége de saint Hilaire. Cette élection canonique mettait fin aux troubles qu'avait occasionné l'intrusion de Pierre de Châtellerault. Le Pape Innocent II en félicita le clergé et le peuple de Poitiers, et il écrivit en même temps au nouvel évêque pour l'exhorter à remplir dignement les devoirs de sa charge. De son côté, Grimoard se disposa à recevoir l'onction épiscopale, et cette cérémonie s'accomplit le dimanche de la Septuagésime, 26 janvier, dans l'église Cathédrale d'Angoulême, dont l'évêque, le bienheureux Lambert, lui fit les honneurs. Le prélat consécrateur fut l'archevêque de Bordeaux, Geoffroy de Loroux. Mais parce qu'il avait procédé à cette consécration avant que le roi de France, Louis VII, y eut donné son consentement, il encourut, ainsi que Grimoard, la disgrâce du monarque. Il fallut même l'intervention de saint Bernard pour appaiser ce dissentiment et permettre au nouvel évêque de prendre possession de l'église dont on l'avait forcé d'accepter le gouvernement.

Je dis forcé, ajoute le biographe, et le mot est de la plus rigoureuse exactitude. Quand il lui fallut recevoir la bénédiction abbatiale, Grimoard protesta mille fois contre cet honneur, en disant : « j'aimerais mieux être lépreux qu'abbé ! » et en apprenant son élection à l'épiscopat, il s'écria encore : « je préférerais l'exil ou le martyre. » De si humbles sentiments présageaient un fructueux épiscopat : malheureusement il ne dura que dix-huit mois. Le 27 juillet 1142 mourut l'évêque Grimoard, pleuré de tous ses diocésains et des nombreux amis qui vénéraient ses vertus. Ses derniers moments avaient été fortifiés par les sacrements de l'Eglise, et même consolés par trois visions du Sauveur et une apparition de sa sainte mère. Selon ses dernières volontés, on transporta son corps à l'abbaye de Fontevrault, où il reçut la sépulture en présence des archevêques de Bordeaux, de Reims et de Tours, et celle des évêques de Soissons, de Meaux, de Noyon et de Chartres. Le comte d'Anjou voulut également assister aux funérailles, et il s'y fit un grand concours de peuple.

Mais on n'y vit point Foulques, le dernier survivant de cette famille de bénédiction, car il s'était depuis plusieurs années retiré dans un lieu sauvage et inaccessible du diocèse de Périgueux. Ce désert, nommé Boschaud, canton de Thiviers (Dordogne), représentait assez bien celui où le Sauveur s'était retiré, et où, selon saint Marc, il vivait en la compagnie des animaux sauvages. C'est assez dire que le fervent anachorète y trouvait ses délices : et de fait, il est le premier qui ait habité cette affreuse solitude. Mais les prières des saints sont comme la rosée céleste qui ranime le gazon desséché, elles ont le privilége de féconder les terres incultes et stériles. L'exemple de Foulques trouva de nombreux imitateurs, le désert se peupla et il fallut, en l'année 1154, construire pour ces nouveaux ascètes une abbaye qui se mit sous la direction et la règle de Citeaux. Cependant, Foulques ne voulut point abandonner la misérable hutte qu'il s'était construite ; il y avait vécu heureux et pénitent, et il y mourut sur la cendre et le cilice. Ses dépouilles mortelles reposèrent d'abord dans cet humble ermitage; mais à cause des nombreuses guérisons qui s'y opéraient et des foules qui y venaient en pèlerinage, on les transféra quelques années après dans l'église de l'abbaye. Le corps fut alors trouvé dans un état d'intégrité parfaite : on eût dit qu'il ne venait que d'être inhumé.

Quant au chevalier Foulques, l'heureux père de cette génération de saints, il reçut lui-même sur son lit de mort et des mains du bienheureux Giraud de Salles, l'habit des ermites. C'était une dévotion assez commune en ces siècles de foi et de piété. Elle témoignait des dispositions de pénitence du mourant, et elle était de sa part un engagement sincère, s'il recouvrait la santé, d'embrasser l'état monastique. On considérait donc cette imposition de l'habit religieux comme un acte de grand mérite et de grande édification. Foulques ne releva point de cette maladie, « et jeune encore, dit le biographe, il quitta cette terre pour être admis, nous en avons la confiance, au repos éternel du Seigneur.» Restée veuve, la pieuse Ardéate prit elle-même à Tusson, le voile des religieuses, et sa mort fut le sommeil des justes. Quelle douce mémoire laissaient ainsi ces deux époux ! Mais bénis seront du Seigneur comme ils le furent, les parents chrétiens qui, à leur exemple, n'entraveront point dans leurs enfants la vocation ecclésiastique ou religieuse. Eh! n'est-ce pas pour une famille un grand honneur et une grande bénédiction lorsqu'un de ses membres est appelé de Dieu au sacerdoce ou à l'état monastique !

## CHAPITRE V.

*Départ des religieuses de Tusson pour Fontevrault.
Visite de Giraud de Salles à cette abbaye.*

Parmi les fondations faites par Giraud de Salles, il faut comprendre deux monastères de femmes, Tusson, dont nous avons déjà parlé, et Bibio. Quelle était cette dernière localité? Les Bollandistes avouent qu'ils n'ont pu en établir l'identification, et ils concluent que ce monastère n'a point survécu à son fondateur. Quant au biographe du bienheureux, il se contente de dire que Giraud de Salles avait une prédilection toute particulière pour le couvent de Bibio, parce qu'il était très-pauvre. Il le visitait fréquemment, ajoute-t-il, et il aimait à y célébrer les diverses fêtes de l'année. Toute laconique que soit cette indication, elle prouve que Bibio n'était pas éloigné de Tusson, séjour habituel du bienheureux. En outre elle ne permet pas de confondre Bibio avec Tusson, ni de les réunir en une seule et même maison. Les deux couvents ont donc existé séparément, mais ils étaient si rapprochés l'un de l'autre que Giraud de Salles pouvait facilement en conserver la direction. C'est la conjecture qui me paraît la plus plausible ; et comme ce monastère n'a eu qu'une existence bien éphémère, il n'a laissé aucune trace dans l'histoire, ni dans la tradition locale. Il n'en est pas de même de l'abbaye de Tusson. Le biographe du bienheureux Giraud de Salles, et tous les historiens sur son témoignage, assurent que l'aridité du sol et le manque d'eau forcèrent Robert d'Arbrissel de renoncer à faire de Tusson le centre de sa congrégation. Il en appela donc les religieuses à Fontevrault, et ainsi « la mère devint la fille, et la fille devint la mère (paroles du biographe).

Giraud de Salles obtint néanmoins que le couvent de Tusson serait conservé comme prieuré simple et dépendant de Fontevrault; et de fait ce couvent a existé jusqu'en 1792. Il est bon aussi d'observer que dans les deux vies de Robert d'Arbrissel qu'ont publiées les Bollandistes, il n'est point parlé de cette translation. Elle n'en est pas moins certaine, car aujourd'hui encore elle reste vivante dans le souvenir des habitants. Ainsi l'on ne peut révoquer en doute que presque toutes les religieuses de Tusson ne soient venues en l'année 1106 habiter le nouveau couvent de Fontevrault. Il est bien probable aussi que Giraud de Salles les accompagna : il était leur père selon la religion, et il les avait formées lui-même à la vie monastique. Il put donc les présenter avec confiance à Robert d'Arbrissel comme étant les dignes épouses de Jésus-Christ. Elles-mêmes ne dérogèrent point à la noblesse de ce beau nom : et telle fut l'influence de leurs vertus, qu'en peu d'années le couvent de Fontevrault compta plus de trois cents religieuses.

Le monastère des hommes, situé à un mille de distance, n'était pas moins florissant, et le pieux fondateur s'en était réservé la direction. Mais lorsqu'il s'éloignait par suite de ses courses apostoliques, le gouvernement en était confié à l'une des sœurs qu'il avait établie assistante ou maîtresse générale. C'était Hersende de Champagne, veuve du comte de Montsoreau et la première, qui eût embrassé la vie érémitique. Pétronille de Craon, veuve du baron de Chemillé, lui fut donnée pour coadjutrice ; et, après la mort d'Hersende, elle prit le titre d'abbesse de Fontevrault. Ce qui distingua l'institut de Robert d'Arbrissel des autres ordres religieux, c'est que par un admirable sentiment de dévotion pour la sainte Vierge, à qui Jésus était obéissant, et que saint Jean servit dans ses dernières années, il voulut que les religieux fussent soumis aux religieuses. Saint Jean l'évangéliste devenait ainsi leur modèle, et la mère de Dieu revivait pour eux dans l'abbesse et dans toutes les sœurs. Une telle organisation, inouïe jusqu'alors, était de la part du bienheureux Robert un grand acte de foi et d'humilité : tous ses religieux le comprirent, et dans une assemblée générale, tenue en 1115, ils y souscrivirent spontanément. C'est alors que Pétronille de Craon fut désignée par Robert d'Arbrissel pour être la supérieure générale de l'ordre. Ce choix accueilli avec joie tant par les religieux que par les sœurs, obtint tout d'abord l'approbation personnelle de Girard, évêque d'Angoulême et légat du Saint-Siége. Il fut ensuite directement confirmé par le pape Pascal II. Deux ans après, Robert d'Arbrissel allait recevoir dans le ciel la récompense de ses vertus et de ses travaux (25 février 1117). Son institut a subsisté jusqu'à la destruction générale en France des ordres religieux.

Giraud de Salles eût-il la consolation d'assister aux derniers moments de celui qu'il nommait toujours son père et son maître.

Nous ne saurions l'affirmer, puisque les relations de cette mort, si précieuse devant le Seigneur, ne nous le disent point. D'ailleurs, Robert d'Arbrissel ne mourut point à Fontevrault, mais à l'abbaye d'Ourchamps (1), l'un de ses monastères, et où il se trouvait en cours de visites. Cependant, selon ses désirs, on transporta son corps à Fontevrault et on le déposa sous le grand autel. Dès lors la vénération publique entoura ce tombeau de ses pieux hommages, et elle décerna à Robert d'Arbrissel le titre de bienheureux qui lui a été conservé. Ce fut donc pour accomplir tout ensemble un devoir de religion et de piété filiale que Giraud de Salles entreprit, en l'année 1118, le pèlerinage de Fontevrault. Sa première pensée était certainement de prier sur le tombeau de celui auquel il devait, après Dieu, le bienfait de sa vocation religieuse : mais ne nourissait-il pas aussi le désir bien légitime de revoir ses chères filles de Tusson, et de se consoler avec elles de la perte que l'ordre entier venait de faire en la personne de son illustre fondateur ?

L'abbesse de Fontevrault, Pétronille de Craon, accueillit Giraud de Salles avec tous les égards qui étaient dus à son mérite personnel et à la mémoire de Robert d'Arbrissel qui l'avait toujours honoré d'une estime particulière. Elle le pria même, au nom de toutes les sœurs, de leur faire des conférences religieuses. Il se rendit à leurs désirs, et il leur parla, dit son biographe, avec une touchante onction des devoirs de l'état monastique. Il saisit également cette occasion pour réformer en elles un usage qu'il jugeait, et avec raison, peu conforme à la modestie du cloître. Les religieuses laissaient croître leurs cheveux, et les arrangeaient même d'une façon qui sentait beaucoup trop le goût et la mode du siècle. En orient, il est vrai, avoir la tête rasée, était pour les vierges et les veuves une règle monastique, mais en occident, ce n'était encore au XIIe siècle qu'un usage facultatif. Seulement on défendait dans les monastères de femmes un soin exagéré de la chevelure et une frisure toute mondaine. D'ailleurs cet abus ne pouvait être à Fontevrault ni bien ancien, ni bien répréhensible ; car l'œil vigilant de Robert d'Arbrissel l'eût découvert, et son zèle l'eût promptement réprimé. Quoi qu'il en soit, Giraud de Salles entrevit qu'il y avait là une réforme à opérer. Il en parla d'abord à la supérieure, qui entra pleinement dans ses vues. Assuré de ce

(1) Notre-Dame d'Ourchamps appartenait alors au diocèse de Bourges, aujourd'hui elle ferait partie de celui de Blois.

puissant concours, il ne douta plus du succès. Toutefois il sut encore ménager si adroitement les esprits, que sans blesser aucune susceptibilité, il les gagna tous à sa cause. « Mes sœurs, leur dit-il un jour, j'aurais un petit sacrifice à vous demander. Me l'accorderiez-vous volontiers ? — Avec grand plaisir, répondirent-elles. — Eh bien ! reprit notre saint, ce serait de réformer votre chevelure. » Il leur cita alors les textes de saint Paul et de saint Pierre qui défendent aux femmes chrétiennes toute frisure recherchée, et tout ornement de tête d'or et de pierreries (1). Conviendrait-il donc que des religieuses se permissent dans le cloître ce que les deux apôtres ne toléraient pas dans les femmes du monde. La réponse ne pouvait être douteuse ; et d'elles-mêmes les religieuses renoncèrent à ces vaines futilités. Ce fut encore pour en prévenir à jamais le retour, qu'on inséra dans la règle l'article XVIe qui prescrit que quatre fois par an, les religieuses de Fontevrault se feront couper les cheveux.

## CHAPITRE VI.

*Fondation des Châtelliers, visite à l'abbaye d'Absie de Gâlines, maladie de Giraud de Salles.*

Ce fut peu après son retour au monastère de Tusson, que Giraud de Salles eut à s'occuper de la fondation des Châtelliers. Ce devait être sa dernière œuvre, et les voies lui en avaient été préparées par un de ses religieux, nommé Pierre Duvar. Ce religieux se trouvait à Saint-Maixent (Deux-Sèvres) durant le carême de l'année 1119, probablement pour y donner les exercices d'une mission, ou station quadragésimale. Or, il s'entretenait un jour avec les hôtes chez qui il logeait, de l'estime dont l'évêque de Poitiers honorait Giraud de Salles, et de la permission qu'il lui avait donnée de fonder des monastères. « Je connais, dit un des interlocuteurs, un lieu bien propre à une fondation. Il se nomme les Châtelliers, et appartient à la mense épiscopale. C'est une vaste solitude couverte de forêts et coupée de prairies qu'arrosent de frais ruisseaux. » Sur ces indications, le religieux désira voir la localité, et l'ayant trouvée telle qu'on la lui avait dépeinte, il en

(1) I Timo 2-9. 1 Pierre, 5-5.

parla favorablement au bienheureux Giraud de Salles. Celui-ci voulut, avant de prendre aucune détermination, s'assurer par lui-même de l'exactitude de ces renseignements : preuve nouvelle de la prudence qu'il apportait toujours dans des affaires aussi importantes. Il vint donc visiter les Châtelliers au mois de mai, et constata que nulle localité n'était plus propre à l'établissement d'un monastère. En outre, il fut reçu avec enthousiasme par les habitants de Saint-Maixent, auxquels il annonça la parole divine, et qui le prièrent de hâter cette fondation.

Giraud de Salles le leur promit, et revenu à Tusson, il fit auprès de l'évêque de Poitiers, Guillaume II, Gilbert de Ragioles, les démarches nécessaires pour en obtenir la cession du territoire. Les choses s'arrangèrent comme d'elles-mêmes, tant le pieux prélat se montra empressé à seconder le zèle de notre saint. Aussi le 24 juin suivant, Pierre Duvar et deux autres religieux vinrent de Tusson ; et, au nom de Giraud de Salles, ils prirent possession des Châtelliers. L'église célébrait en ce jour la fête de saint Jean-Baptiste ; c'était une heureuse coïncidence avec l'arrivée de ces nouveaux anachorètes. Ils ne construisirent d'abord que des cellules de branchages, et inaugurèrent ainsi dans ce désert la vie érémitique. Mais la petite colonie ne tarda pas à s'augmenter, car, le 24 août suivant, notre bienheureux lui envoya quelques autres religieux qu'accompagnait son propre frère, Grimoard. Celui-ci devait, en qualité de prieur, prendre la direction de la communauté naissante. Giraud de Salles ne pouvait mieux témoigner son affection envers ce monastère qu'en lui donnant ainsi la moitié de lui-même. Au reste, Grimoard ne trompa point ses espérances, et fit reposer cette fondation sur le véritable esprit de la règle bénédictine. C'est ce que notre saint constata lui-même, et à sa grande satisfaction, lorsque au mois d'avril de l'année 1120, se rendant au couvent d'Absie de Gâtines, il prit sa route par les Châtelliers. Il n'y trouva encore que de simples cabanes en bois qui s'alignaient autour d'une humble chapelle également en planches grossières. Le dénûment n'était pas moins extrême pour le vêtement et la nourriture, mais la ferveur était grande et la régularité scrupuleusement observée. Ravi de joie et de consolation, Giraud de Salles eût bien voulu prolonger son séjour parmi ces bons religieux, mais il était pressé d'arriver à Gâtines : du moins il leur promit de les revoir à son retour, et en quittant les Châtelliers, il leur décerna un titre d'honneur, en les nommant le monastère très-pauvre.

Le but de son voyage à Gâtines était l'érection canonique de ce monastère en abbaye régulière. Jusqu'alors cette fondation n'était qu'un simple pricuré ; mais les bâtiments réguliers étaient construits, seize religieux s'y trouvaient réunis et les revenus eux-mêmes pouvaient suffire à leur entretien. Rien ne s'opposait donc plus à ce que l'autorité ecclésiastique lui décernât avec le titre d'abbaye les priviléges que ce titre conférait. Aussi l'évêque de Poitiers, ce sincère ami et ardent protecteur de Giraud de Salles, s'était-il rendu à Gâtines, afin de procéder solennellement à cette érection. Les abbés de Cadouin et du Bournet y étaient également venus avec quelques religieux, et l'on y voyait encore plusieurs des nobles et hauts personnages de la contrée. C'est en présence de cette nombreuse assemblée que toutes les formalités prescrites par le droit canonique furent accomplies. Giraud de Salles se démit de toute juridiction sur le monastère d'Absie de Gâtines en faveur de Pierre de Bant, et celui-ci reçut de l'évêque de Poitiers la confirmation de son titre et de sa charge d'abbé. Toutes choses étant ainsi réglées, notre bienheureux et le nouvel abbé firent à leurs hôtes les derniers honneurs de l'hospitalité, et puis les exercices monastiques reprirent leur cours accoutumé d'exactitude, de silence et de recueillement.

On était alors dans la quatrième semaine de carême, et les rigueurs de l'abstinence quadragésimale avaient encore ajouté à la faiblesse ordinaire de Giraud de Salles. D'ailleurs, l'heure approchait où le généreux soldat du Christ allait être appelé à recevoir la récompense céleste. Atteint d'une fièvre lente qui lui ôtait toutes ses forces, il fut obligé de s'aliter. C'était depuis bien des années le premier repos qu'il s'accordait. Empressés autour de sa couche, les frères lui prodiguaient tous les soins de la piété filiale la plus affectueuse, et ils priaient avec ferveur pour que le ciel leur laissât encore ce père chéri. Un instant ils purent se croire exaucés : mais Giraud de Salles ne partageait point leur illusion, car il avait le pressentiment, ou plutôt la ferme conviction qu'il ne relèverait point de cette maladie. N'avait-il pas au reste combattu assez longtemps le bon combat du Seigneur, et la bonté divine pouvait-elle lui différer encore la couronne de justice ! C'est pourquoi à toutes les espérances de guérison, il opposait intérieurement une réponse de mort. Mais parce qu'il avait promis aux religieux des Châtelliers de les revoir, il voulut leur donner les derniers jours qu'il avait encore à vivre. Il pria donc instamment le seigneur de Gâtines, nommé Tirolin, de le faire transporter aux Châtelliers. Celui-ci, malgré les pleurs et l'opposition des frères, déféra aux désirs du saint. Il organisa un brancard et des porteurs, et on se mit en marche à la pointe du jour. Tirolin faisait lui-même partie de l'humble cortége, et il s'efforçait d'adoucir au malade les fatigues d'une route longue et pénible. Il craignait que sa faiblesse extrême ne pût les supporter, et que lui-même n'eût à remettre aux religieux des Châtelliers qu'un corps froid et inanimé. Mais ses craintes ne se réalisèrent pas et l'on arriva heureusement au monastère le dimanche de la Passion, 4 avril 1120.

## CHAPITRE VII.

*Mort et funérailles du Bienheureux Giraud de Salles.*

La joie qu'éprouvèrent les ermites des Châtelliers, en recevant Giraud de Salles, fut bien tempérée par la douleur de l'état où ils le revoyaient. De quelque illusion qu'ils voulussent se bercer, les pronostics d'une mort prochaine étaient trop évidents pour qu'ils pussent ne pas en être frappés. Aussi leur affliction était profonde et l'abattement des esprits répondait à la tristesse des cœurs. Mais, si dans notre bienheureux le corps était défaillant, l'âme semblait au contraire plus forte et plus active. C'est ainsi qu'il suivit la procession des rameaux, porté sur les bras de ses frères, et que le jour de Pâques, il passa la journée dans la petite chapelle en bois qui servait d'église. Là, sur sa demande, il reçut des mains de son frère, le prieur Grimoard, le viatique du corps et du sang du Seigneur, et puis priant en silence, il eut une extase qui dura environ une heure. Lorsqu'il reprit ses sens, les frères qui l'entouraient, lui demandèrent de quelle apparition il avait été favorisé. « Notre-Seigneur, leur dit-il, a daigné me visiter, accompagné de Pierre, évêque de Poitiers, et de Robert, mon maître. » — « O homme incomparable, s'écrie ici le biographe, qu'au lit de la mort le Seigneur vient fortifier de sa présence et introduire lui-même parmi les chœurs des esprits célestes ! » Cependant, tous les religieux étaient accourus, et surmontant sa faiblesse, notre bienheureux leur adressa une dernière exhortation. Il leur recommanda fortement l'observance exacte de la règle de saint Benoît, les chargea de transmettre aux autres Maisons de l'ordre diverses instructions, et prescrivit à tous le soin des pauvres et des pèlerins. Ensuite il régla les détails de sa sépulture, et défendit qu'on lui rendît aucuns honneurs extraordinaires. Les frères fondaient en larmes et ne lui répondirent que par leurs soupirs. Ils le reportèrent ensuite dans sa cellule et le placèrent sur son humble couche de bois et de paille. Ils lui présentèrent un œuf et un peu de fromage, mais il les refusa comme étant des mets trop délicats pour un disciple de saint Benoît. A ses yeux, ni la faiblesse du corps, ni les défaillances de la vie n'autorisaient de tels adoucissements. Il vécut encore deux jours, ne cessant d'exhorter ses religieux à la piété et à la ferveur ; et le mercredi de Pâques, à l'aube du jour, comme il disait à haute voix cette prière évangélique : « Père saint, conservez les fils que vous vous êtes choisis par mon ministère », il rendit le dernier soupir entre les bras de Grimoard qui était son frère par la nature et par la religion.

Cependant l'évêque de Poitiers, Gilbert de Ragioles, cet ami dévoué et cet admirateur sincère de Giraud de Salles avait été informé du danger, et il accourait, espérant encore le trouver en vie. Mais à peine fut-il entré dans le monastère, qu'en voyant les larmes et la profonde affliction des religieux, il comprit toute la réalité de leur malheur. Il se prit lui-même à pleurer, et s'écria : « Où est-il ce serviteur de Dieu, mon ami, mon maître ! menez-moi vers lui ». On le conduisit à la pauvre cellule où le corps du bienheureux reposait sur la cendre, revêtu d'un cilice et d'un capuchon de laine. « Otez-lui, dit l'évêque, ces vêtements de pénitence, et les remplacez par les ornements et les insignes du diaconat. » On se rappelle que Giraud de Salles n'avait jamais voulu recevoir le sacerdoce. Les frères obéirent et revêtirent de l'aube, du cordon et de la dalmatique, celui qui déjà avait pris place dans le ciel près des saints et illustres diacres, Etienne, de Jérusalem, Laurent, de Rome, et Vincent, de Sarragosse. Le même pontife ne permit pas non plus qu'on se conformât pour l'ordre de la sépulture aux humbles recommandations du bienheureux, et il en fit différer la cérémonie jusqu'au dimanche de Quasimodo. C'était pour satisfaire au pieux empressement des populations environnantes, qui accouraient lui rendre un dernier hommage. D'ailleurs, d'éclatants miracles illustraient déjà ce corps sanctifié ; et ce fut ainsi qu'au milieu des larmes des religieux, et des témoignages de la vénération publique, l'évêque de Poitiers le déposa dans l'oratoire du monastère, et au côté gauche de l'autel (20 avril 1120).

Cette cérémonie fut illustrée par un prodige que le biographe rapporte en ces termes : « Tandis que les religieux poursuivaient dans l'intérieur de l'oratoire les chants et l'office des funérailles, le peuple attendait au dehors, en foules pressées et impatientes. Soudain, trois croix se montrèrent au-dessus de l'édifice, l'une rouge, l'autre verte et la troisième blanche. Ces croix ne disparurent qu'après les dernières prières. Mais elles ne furent pas aperçues de tous indistinctement, et néanmoins elles demeurèrent visibles pour un grand nombre, qui ne pouvaient se lasser de les considérer et de les admirer. Tous y virent une preuve de la sainteté du bienheureux Giraud, et ils les expliquèrent de ses vertus. La croix rouge, disaient-ils, représente sa pénitence, la blanche, son innocence, et la verte sa charité envers le prochain. » Le souvenir de ce prodige resta fortement empreint dans la mémoire des populations, et environ vingt ans après, le bienheureux lui-même, dans une apparition à son frère Grimoard, alors évêque de Poitiers, en confirma la réalité. Voici le récit du biographe : « Comme le prélat était indécis au sujet d'une affaire importante, Giraud de Salles lui apparut pendant la nuit, et lui fit connaître ce qu'il devait faire. Alors Grimoard l'interrogea au sujet des croix qui étaient apparues pendant la cérémonie de ses obsèques. Ce prodige, répondit le bienheureux, a eu véritablement lieu, quoiqu'il n'ait été aperçu que de ceux auxquels le Seigneur a daigné faire cette faveur. Par là, Dieu a voulu montrer quel grand amour j'ai toujours eu pour la croix. Quant à la couleur de ces trois croix, elle était symbolique : la verte représentait la mortification de la chair, la rouge, le désir du martyr, et la blanche, l'immortalité céleste. » La vision disparut ensuite.

Cependant, après avoir rempli envers le bienheureux Giraud de Salles, les derniers devoirs de la religion, l'évêque de Poitiers et le prieur des Châtelliers rédigèrent la lettre circulaire qui devait annoncer sa mort aux diverses églises et abbayes avec lesquelles l'ordre de Fontevrault était en relation. Voici quels étaient à cet égard l'usage et la coutume. On traçait en tête d'une feuille, ou rouleau de parchemin, l'éloge funèbre du défunt, et puis deux moines parcouraient la France, quelquefois même l'Angleterre, l'Allemagne et l'Italie, et présentaient la circulaire aux évêques et aux abbés. Ceux-ci y ajoutaient alors quelques mots qui témoignaient de leurs regrets et aussi de l'estime et de la vénération dont ils entouraient un ancien ami, ou un confrère chéri. Quelquefois c'était un passage de l'Ecriture dont on lui faisait une heureuse application, mais plus souvent c'était un éloge direct en prose, ou en vers. Ce dernier genre était même le plus ordinaire. A leur retour, les deux moines déposaient le précieux rouleau dans les archives de l'abbaye, où il était conservé avec soin. Nous possédons aujourd'hui encore une certaine collection de ces rouleaux, et ils ont été publiés sous le titre de *Rouleaux des morts*. Les deux plus remarquables sont celui de saint Bruno qui contient cent soixante-dix-huit titres funèbres, et celui du bienheureux Vital de Mortain qui en renferme deux cent dix-huit.

Voici maintenant le texte de l'encyclique envoyée par les religieux des Châtelliers. Nous reproduisons la traduction de M. l'abbé Daras.

« En vous annonçant la mort du très-religieux et très-célèbre ermite Giraud, il nous serait doux de vous raconter sa vie merveilleuse. Mais nous n'avons pas la prétention de transformer en une histoire détaillée cette lettre où nous recommandons sa mémoire à vos saintes prières. Adolescent, il embrassa la vie cénobitique ; plus tard il émigra au désert. Cénobite, il semblait avoir atteint le sommet de la perfection ; ermite, il se surpassa lui-même. Montant de vertus en vertus, par ces degrés d'ascension spirituelle, que, suivant l'Ecriture, il disposait dans son cœur, il s'éleva au-dessus de tout ce qu'on peut attendre d'un homme mortel. Ce fut une autre Hilarion, un nouvel Antoine ; ou plutôt le Christ lui-même vivait en lui. Embrasé du feu de l'amour divin, il communiquait cette flamme à tous ceux qui eurent le bonheur de l'entendre. On peut dire qu'il mena simultanément une double vie, celle de Jean-Baptiste au désert et celle de l'apôtre saint Paul évangélisant les nations. Il aima le Christ, il prêcha le Christ, il imita le Christ ; et maintenant il s'est envolé près du Christ. Si pourtant quelque chose de la rouille humaine était demeuré sur l'or de sa perfection, si quelque tache était restée à cette perle précieuse, nous sollicitons pour son âme le secours de vos prières et la participation à vos bonnes œuvres. »

Comme on le voit, cette encyclique est vraiment empreinte des plus beaux sentiments de la foi chrétienne et de la piété filiale. Malheureusement les titres funèbres qui y furent joints, ne nous ont pas été conservés. Le biographe du bienheureux Giraud de Salles se contente de nous dire qu'après sa mort, les divers monastères qu'il avait fondés s'affilièrent à la congrégation de Clairvaux : et parce qu'il a prononcé le nom de saint Bernard, il l'accompagne de ces éloquentes paroles : « La gloire de Bernard jeta dans la sainte Église de Dieu un tel rayonnement, qu'elle éclipsa toutes les gloires contemporaines. Depuis les apôtres, nul dans la suite des âges ne lui fut supérieur comme génie, comme éloquence, comme sainteté, comme puissance en œuvres, en paroles, en doctrines, en miracles. Il fut le maître de la sagesse, la voix de Dieu, le docteur de la foi, la lyre de Marie. Pouvoir une fois contempler le visage de Bernard, ce fut l'objet des aspirations et des vœux du monde entier. » (L'abbé Daras).

## CHAPITRE VIII.

*Culte rendu au bienheureux Giraud de Salles, et miracles opérés à son tombeau.*

L'oratoire où les restes précieux de Giraud de Salles avaient été déposés, n'était qu'une chapelle provisoire. On s'occupait alors d'élever les bâtiments du monastère, et quoiqu'ils ne fussent pas encore entièrement achevés, les religieux en prirent possession le 26 septembre de l'année 1121. Ce même jour, ils exhumèrent les dépouilles mortelles du bienheureux, dont ils trouvèrent le corps sain et intact, et ils les renfermèrent dans un cercueil de pierre qu'ils revêtirent à l'intérieur d'une couche de bitume. Ce cercueil fut placé sous le maître-autel de l'église abbatiale qui elle-même n'était bâtie qu'en planches et en madriers. Mais en l'année 1129, et à la grande satisfaction des religieux et de tous les habitants de la contrée, on commença la construction d'une véritable église. Cette construction ne fut terminée qu'après un laps de huit années, et Chalon, ou Calon, évêque de Poitiers, en fit la dédicace sous le pontificat du pape Adrien IV et le règne de Louis VII. L'abbé des Châtelliers était alors Éméric, natif du Périgord. Il avait succédé à Giraud, élu prieur en 1121, pour remplacer Grimoard, transféré, comme nous l'avons dit, au monastère des Alleuds. C'est sous le gouvernement d'Éméric que les Châtelliers furent érigés en abbaye ; et lui-même il y vécut plein de jours, de gloire et d'honneur.

Cependant, chaque année, au jour anniversaire de la mort du bienheureux Giraud de Salles, les prieurs et les abbés des divers monastères qu'il avait fondés, et ceux mêmes des monastères voisins se réunissaient aux Châtelliers. C'était un hommage de vénération et un tribut de ferventes prières qu'ils venaient pieusement déposer auprès de ce tombeau. Il leur semblait alors revoir au milieu d'eux celui qu'ils nommaient toujours du doux nom de père, et dont ils se rappelaient avec attendrissement les paroles et les exemples. Or, une année on compta parmi ces pèlerins le prieur de Boschaud (Dordogne), nommé Jean de Calensie. On le vénérait comme un saint religieux, auquel son âge et ses vertus attiraient le respect de tous ; mais la charge de prieur lui était un pesant fardeau et comme un cruel martyre. Vainement avait-il sollicité d'en être déchargé : ses frères n'avaient point eu égard à ses prières, tant son mérite était éclatant, et ils le pressaient même de revenir à son monastère. Alors, éperdu de douleur, mais plein de confiance en le bienheureux Giraud, il vint se prosterner devant ses reliques et solliciter de sa bonté la grâce que les hommes lui refusaient. « Père saint, dit-il, faites que je ne revienne point à Boschaud, et puisque vous pouvez tout obtenir de Dieu, demandez-lui que je meure ici, près de votre tombeau. » Telle fut sa prière, et à l'instant même il se sentit exaucé. Car soudain un violent accès de fièvre le contraignit de se mettre au lit, et il dit aux frères qu'il mourrait dans trois jours, comme le bienheureux lui en avait donné l'assurance. On ne voulut point d'abord croire à ses paroles ; mais le mal fit de si rapides progrès qu'il fallut bien se rendre à l'évidence d'un prochain danger de mort. Le bon prieur reçut donc les derniers sacrements, fit sa coulpe ou accusation en présence de la communauté et mourut effectivement le troisième jour.

Les circonstances qui avaient accompagné cette mort frappèrent vivement les esprits et accrurent la vénération générale envers le bienheureux. Toutefois on ne songea point alors, ni les années suivantes à lever le corps saint, et à lui rendre un culte public. Mais le 2 février 1248, le frère Thomas, sixième successeur d'Éméric, fut élu abbé des Châtelliers. C'était un religieux éminent en les vertus de la profession monastique, et doué pour le gouvernement de sa maison d'une sagesse et d'une prudence qui rappelaient, dit le biographe, celles du patriarche Joseph. Aussi les bénédictions du ciel descendirent sur le couvent des Châtelliers qui s'accrut en nombre et en ferveur. Encouragé par cette protection visible du Seigneur, le pieux abbé entreprit alors de rebâtir plus magnifiquement l'église conventuelle, et de procéder à une translation solennelle des reliques du bienheureux Giraud de Salles. Il se mit aussitôt à l'œuvre, mais les dimensions qu'il voulut donner au nouvel édifice prolongèrent les travaux jusqu'en l'année 1177. Enfin, toutes les constructions étant heureusement achevées, la basilique fut consacrée le 28 janvier par l'archevêque de Bordeaux, Simon de Rochechouart.

Le lendemain, ou un des jours suivants, eut lieu une autre cérémonie d'un caractère plus intime, mais non moins touchant; l'élévation du corps du saint fondateur. D'abord, par les soins de l'abbé Thomas, le cercueil fut retiré de la fosse profonde dans laquelle il reposait. On l'ouvrit ensuite en présence des religieux, et après qu'on eut reconnu l'authenticité de ces pieuses reliques, l'abbé les enveloppa d'une étoffe de soie et les déposa dans un sarcophage de marbre. Mais il mit à part la tête pour laquelle il avait commandé un chef en vermeil. Il détacha également une côte qu'il renferma dans un précieux reliquaire, et il ordonna que cette insigne relique serait, chaque dimanche, exposée dans la chapelle de Saint-Giraud. Cependant toutes choses étant régulièrement disposées, on se mit en devoir de transporter le sarcophage au lieu où désormais il reposerait plus honorablement. C'était derrière le grand autel; six colonnes de marbre devaient lui servir de base, en sorte qu'il serait offert aux regards des fidèles. Un fait qu'on apprécia comme miraculeux se produisit alors. Les cordes à l'aide desquelles on soulevait le sarcophage pour le placer sur les colonnes se rompirent au moment où il était tenu en l'air. Ce fut une stupeur générale parmi les assistants, car naturellement cette masse énorme devait se briser en tombant. Mais l'admiration fit place à la crainte quand on vit les quelques religieux qui entouraient le sarcophage, le soutenir de leurs mains et le faire ensuite reposer doucement sur sa base. La cérémonie s'acheva ainsi sans accident, et ce jour-là même diverses guérisons, dit le biographe, attestèrent la puissance et la sainteté du bienheureux Giraud de Salles.

De ce jour aussi on vit accourir à son tombeau les pèlerins, les infirmes et les malades. Les uns demandaient des grâces spirituelles qu'ils obtenaient, et les autres sollicitaient une guérison qui souvent leur était accordée. Nous allons en citer quelques traits : Un habitant de la paroisse de Marçay, diocèse de Poitiers, qui depuis plusieurs années ne marchait qu'à l'aide d'une béquille, étant venu prier près des reliques du saint, se releva entièrement guéri ; et, en signe d'*ex-voto*, il suspendit sa béquille aux murs du sanctuaire. Un couvreur, nommé Pierre, était occupé à réparer la toiture d'une tour, et il vint à tomber si malheureusement que sa tête heurta contre une pierre. On le crut mort ; mais son père, témoin de l'accident, invoqua soudain le bienheureux, le conjurant de conserver la vie à ce fils infortuné. Il le fit ensuite porter au monastère et le présenta au tombeau du saint. Merveilleux effet de la puissance du serviteur de Dieu et des larmes d'un père affligé, quelques jours suffirent à cicatriser plusieurs blessures qui toutes étaient mortelles. Une autre guérison du même genre eut lieu à l'égard d'un charpentier qui, en posant une cloche, tomba du haut du clocher. On pensait ne relever qu'un cadavre, mais, parce que dans sa chute il avait invoqué la Vierge Marie et le bienheureux Giraud, il échappa miraculeusement à une mort certaine. « Je l'ai vu, ajoute l'auteur de ce récit, et j'atteste sa parfaite guérison. » On rapporte encore qu'une mère dont le fils était épileptique, lui obtint une entière délivrance en s'adressant à notre saint. Un jeune prêtre, atteint du même mal, ayant prié lui aussi avec foi et confiance, et ayant fait auprès du tombeau la veille sainte, recouvra également une parfaite santé. Le biographe raconte ensuite les guérisons de diverses autres maladies, et termine par le trait suivant : Deux moines de Clairvaux, nommés Guillaume Figeac et Guillaume Briton, avaient obtenu la permission de visiter les divers sanctuaires du Poitou. Comme ils étaient en marche pour les Châtelliers, l'un d'eux fut soudain arrêté par un ulcère qui se déclara à la jambe droite et dans lequel on reconnut les symptômes du feu sacré, ou mal de saint Antoine. C'était une plaie affreuse, purulente et qui s'élargissait chaque jour. Toutefois le malade arriva aux Châtelliers, avec beaucoup de fatigue et d'horribles souffrances, et dès le lendemain ayant fait ses dévotions au tombeau du bienheureux, il fut entièrement guéri. C'est comme témoin oculaire que le biographe raconte ce miracle, et il achève son récit par ces mots : « Béni soit le Seigneur qui n'a pas délaissé le monastère et la famille religieuse des Châtelliers ; il nous a donné cet illustre thaumaturge qui partage aujourd'hui la société des saints et est admis au nombre des élus. Combien la mémoire de Giraud de Salles nous est douce et glorieuse en Notre-Seigneur Jésus-Christ, avec qui Dieu le Père vit et règne en l'unité du Saint-Esprit dans tous les siècles des siècles. Ainsi soit-il. »

Le culte du bienheureux Giraud n'a point manqué, comme on l'a vu dans ce récit, de la célébrité qui accompagne la sainteté de la vie et l'éclat des miracles. Toutefois il n'a été jusqu'aujourd'hui reçu dans aucun diocèse, et les Bollandistes avouent qu'ils n'ont trouvé son nom dans aucun martyrologe. Aussi pour nous conformer au décret du Pape Urbain VIII, nous déclarons qu'en donnant soit à lui, soit à d'autres, les titres de saint et de bienheureux, nous n'avons point voulu prévenir le jugement de la sainte Eglise Romaine.

# APPENDICE.

## LES DEUX MONASTÈRES DE TUSSON.

Après la mort du bienheureux Giraud de Salles, le monastère des hommes devint un simple prieuré, où l'abbesse de Fontevrault maintenait deux religieux, pour le service de la paroisse et la direction des religieuses. L'un de ces religieux avait le titre de curé, ou de prieur, et l'autre celui de vicaire. De 1765 à 1792, le prieur fut M. Charbonnet, et le vicaire, M. Malanfauld. Ce dernier est mort curé d'Ébréon. Les registres de la paroisse relatent le procès-verbal d'une visite faite à l'église du monastère en 1786, par Pierre Duclos, religieux de Fontevrault. Cette église a été démolie, et il ne reste qu'une partie des bâtiments claustraux.

Le monastère des religieuses paraît avoir eu, jusqu'en 1792, une existence assez prospère. Toutefois ce n'était point une abbaye proprement dite, et ce titre qu'on lui donnait, était purement honorifique. C'était comme un souvenir d'un passé glorieux. C'est dans ce couvent que Marguerite d'Angoulême vint, après la mort de François 1er, son frère, chercher quelque adoucissement à sa douleur ; et elle y passa tout un été dans la prière et la pratique des bonnes œuvres. Ce séjour est une preuve du catholicisme de cette princesse ; et peut-être est-ce dans cette retraite qu'elle composa le *Miroir de l'âme pécheresse*, ouvrage ascétique, écrit dans le goût du temps. Ce fait est d'ailleurs le seul que nous puissions raconter, car tous les papiers de l'abbaye ont été brûlés à la suite de l'expulsion des religieuses. La dernière abbesse fut M$^{me}$ Méchain de la Toucherolle, et en quittant Tusson, elle se retourna vers le monastère en disant, le cœur ému et les yeux pleins de larmes : « Adieu, saint Benoît, je ne te verrai plus. » — Nous devons ces détails à l'obligeante communication de M. le curé de Tusson, et nous lisons la note suivante dans la *Statistique monumentale de la Charente :* « Il ne reste que peu de l'église. J'ai pu seulement reconnaître le demi-cercle qui formait l'abside.

Le monastère a été démoli, ses débris et ceux de l'église ont servi aux constructions des maisons du bourg. J'ai retrouvé sur l'une d'elles ces deux inscriptions tumulaires :

CY GIST LA MÈRE MADELENE DU VIV...
LÉTANG. LE 19 OCT. 1774.

CY GIST LA M. MARIE PAULE POUSSA DE LIGNIÈRE.

inscriptions simples comme la vie de celles dont elles rappellent l'existence. »

En l'année 1862, Mgr Cousseau, évêque d'Angoulême, établit à Tusson une maison des Filles de Sainte-Marthe. Elles y dirigent aujourd'hui l'école communale, et y tiennent un pensionnat.

Angoulême, Imp. BAILLARGER, rue Tison d'Argence.

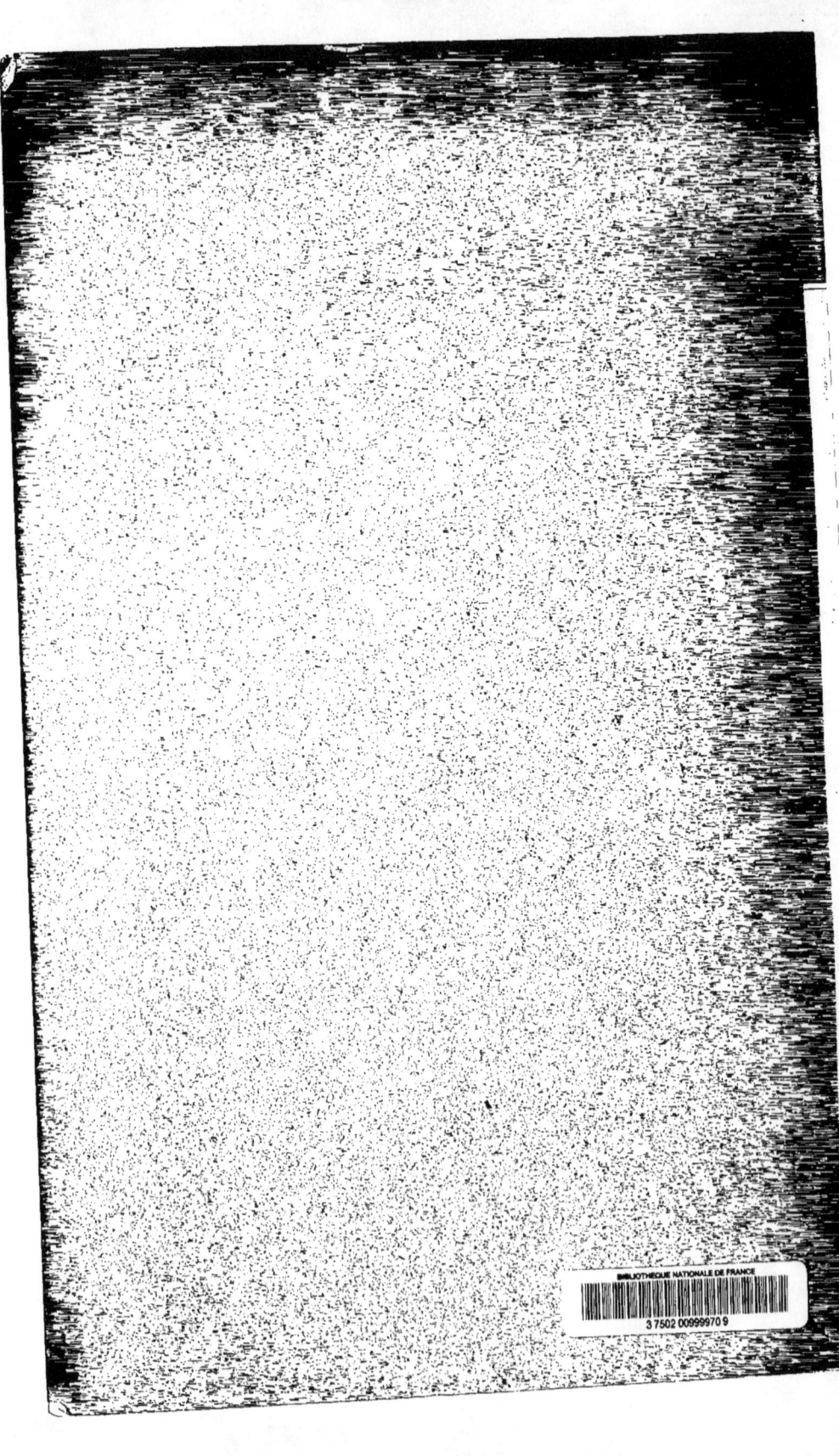

www.ingramcontent.com/pod-product-compliance
Lightning Source LLC
Chambersburg PA
CBHW060507050426
42451CB00009B/869